AF272526

lacht und stürbe

Wolfgang Linke

lacht und stürbe

Gedichte

München 2024

Bisherige Veröffentlichungen:
Sieben mal sieben. Neunundvierzig Gedichte (2010)
In die Nacht hören. Einundfünfzig Gedichte (2011)
Tausend Winter. Hundert Gedichte (2013)
Der Weg zum Himmel (2021)
Aller Engel Ich (2023)

Bibliografische Information der Deutschen Nationalbibliothek:
Die Deutsche Nationalbibliothek verzeichnet diese Publikation
in der Deutschen Nationalbibliografie; detaillierte
bibliografische Daten sind im Internet über dnb.dnb.de
abrufbar.

© 2024 Wolfgang Linke
Verlag: BoD • Books on Demand GmbH, In de Tarpen
42, 22848 Norderstedt
Druck: Libri Plureos GmbH, Friedensallee 273, 22763
Hamburg
ISBN: 978-3-7597-7541-2

EINS

Make up one´s mind

Klänge gibt´s im September
Lieder zum Mond sind
Heilig in alten Büchern
Darüber das Hirn weint.

Die Flaschen und Brüder sind
Am Abend brüderlich leer.
Die Etrusker machen den Traum,
Mein Sohn ist heute
3 Jahre, lacht und stürbe,

Könnte er riechen, wie
Die Welt riecht, dürfte er
Wissen, was ist ein Jammer;
Ich werde ihn deshalb lehren, es ist
Ein Gott.

M.L., 09.09.1969

Wolke

Um wirklich schreiben zu können,
musst du alle die Worte und
all ihre Bedeutung durchlitten
haben: Eine Wolke aus Staub
und Verzweiflung kommt
über dich, verdichtet sich
zum Gedicht und vernichtet dich.

Splitter

Das Wort hinter dem Wort
hören manche
und schreiben ein Gedicht;
andere schreiben es nicht:
sie wissen nicht, was es
bedeutet, zu vertrauen
dem Licht hinter der Finsternis,
dem Ur-Tag hinter dem Alltag,
dem wahren Gott hinter dem
Gerede über ihn: Gedichte
sind Gerede; wahre Gedichte
sind lebende Splitter des Geistes
der Zwiesprache von Gott
mit Gott. Eines von ihnen
schreibe: Du hörst in ihm
das Echo der Sprache des Himmels.

Akte

In den alten Straßen,
wo früher Vögel saßen, nackte,
auf kalten Steinen,
und Wehmut wohnt
im Werk; Trauer thront
Tag um Tag auf den
Dächern der Seelen, darüber
der innere Mond scheint,
kalt und tot. Die inneren
Gestirne leuchtend er-
innern sich: an aller Leben
gewaltige Auftakte.

Abschied

Wenn ich mein Sohn wäre,
verstünde ich mich nicht
und ginge fort in ein Reich
wo der Verstand ausstürbe
bei meiner Ankunft. Das Reich
wäre aber ich selbst und
der Verstand die Welt; bei
der Ankunft höbe ich meine
Hand, zu grüßen den, der ich
wäre, wäre ich eins
mit dem Land in mir
und seinem und meinem
und keinem Ende.

Licht

Keine Schatten
werfen sich mehr auf uns,
das Geschwätz in uns
verebbt, es naht der
Geist: Wir werden eine
leuchtende, sprechende,
huldigende Wolke, von oben
urgehoben, über dem
ewigen Altar.

Umsonst

Das All zerbricht
weil Gott spricht:
Ich bin.
Wer sein Wort bricht,
spricht:
Ich bin nicht.
Und das Licht
bricht sich
an ihm
zu Tode.

Schwäche

Die kleine Schwäche
nicht mehr sein zu wollen,
die Schwäche der Seele;
die Schwäche der Seele,
die sich von Gott weg-
wölben will, die Schwäche
des Vertrauens, das sich
auflöst in Welt und
Wohlgefallen.

Bruch

Das Tor verschlossen
ist: erschossen ist
der Wächter: das
Tor, das Ohr, danach,
davor und immer;
schlimmer aber ist,
was verflossen ist, schlechter
und ungerechter, als alle
Geschlechter ahnen wollten,
bevor alles in ihnen zerbrach
und zugrunde ging
am frechen Gelächter Gerechter.

Stimme

Bevor die Tage ganz
verrinnen:
Komm nach innen
ganz zu dir.
Komm zu mir
und lass beginnen
dich und mich:
Dann bist du ich
und nicht mehr hier.

blitze

des geistes
mitte
die spitze
des menschen
die witze
das löschwasser
der schaum
der abschaum
des geistes
blitze.

Verlust

Noch mehr
Unsinn
kannst du kaum
stellen
zwischen Gott
und einen Menschen,
noch weniger Geist
birgt Gefahr:
In irgendeinem
verbrannten Jahr
zwischen gestern
und morgen einzufrieren,
den Verstand
und was über ihm ist
an das was zuunterst ist
zu verlieren.

Herz

Ich ging hin zu sterben
an einem weißen Tag
und hoffte zu ererben
was mir im Herzen lag.

Das Herz schlug wild
und ging verloren
und ließ was ewig gilt
auf ewig ungeboren.

ZWEI

Mut

Eins oder uneins:
Der Mut, alles zu lassen
oder alles zu hassen
oder auch das zu lassen,
nicht zu verpassen,
was nicht zu fassen
ist, da zu sein,
um dort zu sein,
wo Gottes und meins
und deins eins
ist und sonst keins ist.

Früher

Als ich klein war,
schuf ich mich um,
geriet zu anderen,
verlor mich,
verfiel mir,
stand ab
von der Wahrheit;
was später geschah,
schlug mich dafür
und fuhr
als Schreck
in meine Glieder
und aus mir
wieder und wieder
und machte mich
von mir frei.

Umkehr

Als ich jung war
liebte ich mich
und rief mich
den Sohn
nach Nirgendwo.
Dann las ich mich
und sah mich
im Spiegel
und außer mir
war dort
keiner.
Da kam nichts
über mich
und ich verließ mich
und wich von mir
und lehrte mich gehen.

Später

Ein Gedicht: das ist
etwas aus nichts
in mir und unsichtbar
und später wahr:
Dann, wenn die Toten
lebendig werden
und ihnen alles,
auch das Nichts,
eröffnet ist.

Damals

Vor vielen Jahren
verlor ich mich
und wollte erfahren,
wer ich gewesen wäre,
wenn ich gedacht hätte.
Erfuhr aber nur,
dass ich gelacht hätte,
wäre ich mir
bekannt geworden
oder mir begegnet
damals, vor vielen Jahren.

Die Lebenden

In den entlegenen Ebenen
leben die schwebenden
Seelen der Vergebenden:
in den unendlichen, ewig
sich hebenden Ebenen.

Trugbild

Auf einem alten Foto siehst
du die alte schöne Welt
und dich in ihr
und kannst euch alle beide
von ferne kaum erkennen.

Doch das wovor du fliehst
obwohl es dir gefällt
ist hier in dir
damit es dich erleide
um dich zu verbrennen.

Der Sieg

Kein Text
ist auch
ein Wort
ein Hauch
von Nichts
verhext
den Ort
des Lichts
und schwieg
sofort
zerfloss
zu Rauch.

lacht und stürbe

Wir zwei in dir
was wärst du ohne
uns: dann wären
wir statt deiner.
Du kamst aus uns
wir wurden du
und waren drei
und keiner. Für dich,
ganz früh, ganz
ungefähr und mehr
und mehr
und kleiner.

Flug

Was heranwuchs
in mir begrub
ich und flog
nachhaus
und fragte den
Vogel der mich
trug: War es
Betrug dass ich
wuchs oder
etwas in mir
das sich schlug
auf die Seite
der Ewigkeit:
Damit ich mich
meiner erbarme.

Klänge

Die Kürze
der ungedachten
Gedanken
ist die Länge
der Stürze
in Abgründe
ohne Gründe.

Stunde um Stunde

Die Wahrheit
hat vor den Menschen
den Kampf verloren
um ihre Kinder.
Sie töten sie.
Die Wahrheit wird
geboren und das Gericht
aus deren Tod:
Wunde um Wunde.

DREI

Und Er sprach

Fürchte dich vor dir
anstatt zu schreiben
schreibe dir von mir
so wird dir bleiben
von mir und dir
das Unbeschreibliche
ganz unumschrieben
und dich lieben.

Dahinter

Hinter allem Wort,
am Ur-Ort,
oder wo auch immer,
lebt fort,
weit fort von dir,
was du warst
wirst
wärst
ohne alles
ohne immer
ohne dich.

Karfreitag

Der für dich starb
er könnte fragen
für wen bist *du* gestorben
oder wann?
Das Kreuz, es warb
um dich
und ließ dir sagen:
Es geht auch ohne mich;
ich habe dich erworben
weil ich
nicht anders kann.
Doch gehts auch ohne dich.

Fehlanzeige

Die heiligen Worte
zwischen den Zeilen
und in den Seelen
die sich beeilen
uns zu verhehlen
dass sie sie sind:
Nähere Orte
um zu verweilen
werden fehlen
um uns zu heilen:
Weil wir wir sind.

Verzicht

Weniger als wenig:
also nahe nichts:
ein Tüpfelchen des Lichts
das uns umgab
ehe uns das Grab
umgab, das Gipfelchen
des erdverbundenen Verzichts
auf alles was es gab
für uns, für nichts.
Jetzt haben wir so wenig
wie ein König.

Kein Geringerer

Der Igel im Hügel
im Aufgang seiner Sonne
roch ihre Strahlen.
Der Igel verging
und eine Tonne
Blei bedeckte seine Qualen.

Der Igel war nicht gering.

Der Igel war frei.

Oder nichts

Lass Gott draußen
aus deinem Kosmos
dann wird dein Kosmos
so leer wie der da draußen
zehnhochminusdreißig Tonnen
pro Kubikmeter
zehnhochminusdreißig Erkenntnisse
vor dem Tode.

Schimmer

Immer gäbe es etwas zu sagen
und immer nichts. Meist wird
das Nichts überwiegen und es
wird nicht geschwiegen und
zwischen den Siegen der Lügen
wirds schlimmer und schlimmer
und schließlich erliegen die Lügen
den eigenen Siegen in tausend-
jährigen Kriegen um den einen
Schimmer lebendigen Lichts.

Irrtum

Glaube nicht
dass die Kluft
kleiner wird zwischen
dir und dem Heiligen
wenn du dich heiligst.
Kleiner wird nur
der Abstand zu dir
und dem was du bist:
das glaube.

Blumen

Warum schreibe ich keine
Blumengedichte wie andere?
Weil Blumen keine Geschichte
haben und keine Gewichte
sind, die diese oder jene Welt
beschweren. Wir verehren sie
nicht; sondern den, der die
Pracht ihrer kleinsten
größer nannte als die
Herrlichkeit der Könige.
Also doch Blumengedichte.

Ehre

Was gelang:
Leere Worte
Seele leer
an der Pforte
himmelschwer
letzte Tage
Totenklage
alle innern Steine
umerzogen
alle meine
Steine sind gewogen
auf der Waage
meiner Ehre;
aller Leere
ihre Orte
aller Ehre
ihren Rang.

Bin ich?

Das letzte was ich sage
ehe ich sterbe
wird vielleicht ein Wort sein,
womit ich die Welt rein-
wasche von mir. Es hat, Welt,
dich nie gegeben. Aber meiner
Seele Leben hing an dir
wie an einem Pfahl,
ein Pfahl in ihrem Fleisch,
dem Fleisch der Seele.
Das aber ist der
Ich-Bin.

VIER

Moment

Bedeutungsloses notieren
oder Deutungsloses
samt einer Deutung für alles,
also nichts: ist nicht mein
Programm für ein Gedicht. Sondern
warten auf einen Moment
den der Himmel kennt
der mich kennt
und meine Ungeduld
mit allem
außer allem
aus sich selbst
Geheimen.

Die Wende

Am Ende
fällt die Blende
weg; es zeigt sich
ob eine Sonne
dich beschien
oder du selbst geleuchtet
hast; ob du Blender
warst oder zum
Leuchten brachtest
einige Seelen
einige Hände
einige Zeit.

Dahin

Gehst du von dannen
in Kürze
Gehst du nach dorten
wo niemand verorten
dich kann.
Die Tage rannen
davon dir.
Ewige Stürze stehen bevor.
Ewige Tage.

Ruhe

Endlich erschöpft
unendlich müde
der Tag ist geköpft
der Abend lüde
zum Tode ein
oder zum Anfang
der Weisheit
oder zu sich:
Was also will ich sein?

Keine Macht

Von der Welt her
kann ich das Sinnlose
in mir nicht benennen.
Bin ich tot, kann ichs
vielleicht erkennen
obgleich niemand zurück-
kam zu beweisen, dass
hinter dem Tor der Ver-
nichtung nichts sei.
Wir hoffen, dass der Mensch
von sich aus nichts kann.
Nicht einmal sterben.

Die Frage

Wer ich sei?
Woher soll ichs
wissen?
Jemand
hat es mir
noch nicht
gesagt.
Mag sein
ich erfahre
von mir
wenn ich
ich bin.

Auf der Lichtung

Fasse dein Nichts
in ein Wort
finde in dir den
Ort wo es sei
finde den Schrei dort
und allerlei
Irrsinn in ihm
der hörbar macht
und störbar
deine Vernichtung.

Vorschau

Nur noch eine kleine Weile,
vielleicht: Dann bin ich fort,
wie eine Wolke aus Staub,
ein Wort aus Herbstlaub,
erschaffen zum Tode; du mein
träger Geist, wohin willst
du mich führen? Woran in
mir rühren, welches Feuer
schüren, mich besiegen mit
welchen Waffen? Ich bin schon
tot, die Welt ist meine
Bahre. Nichts mehr, nichts
habe ich mit ihr zu schaffen.

Klanglos

Im Einklang klingt man
selber mit;
im Ausklang
klingt man selbst;
Klänge klingen klein
und kleiner;
kleiner als unsereiner,
klänge er denn einmal
und stürbe dann
daran.

Zelte

Die wahren Wörter
die einer spricht
ganz selten
zwischen den Welten
in sich und sich:
die allein
sein Leben gelten
lassen, ihn sein
lassen, ihn, seiner
Seele Licht,
in ihren Zelten.

Zerbrochen

Oh ihr Bäume von denen gesprochen
wurde über der Erde
Oh ihr Räume mit denen gebrochen
wurde und werde
Oh ihr Träume, die rochen
nach Blut und Beschwerde
Oh ihr alle:
Was wäre ich
ohne euch gewesen.

Nicht genügend

Aber unten besteht
das Untere weiter,
vergeht der Tag und
entblättert sich; unter
sich bleibt, wer unten
blieb und unter seiner
Würde sich die Zeit
vertrieb, das Leben
und den Sinn. Aber
beginnt das wirkliche
Leben, verschwindet, was
den Sinn vermied, sich
nicht genügend unterschied
von den Steinen der Städte,
dem Staub der Erde
und dem Stiefel,
der alles zertrat.

FÜNF

Allein

So ganz ohne Nachrichten
von dort
so ganz ohne Geschichten
von jenem Ort
so allein mit den Gesichten
und völlig fort
wie in Gedichten
ohne ein einziges Wort.

Alter

Inzwischen sprechen wir
über dich als wärst
du immer ein alter Mann
gewesen um dich besser
begraben zu können;
aber unsere Sprache
ist kalt und unser
Geist zu alt das
Ewige in dir
zu begreifen
das keine Zeit hat
sondern das Leben ist.

So lang wir schliefen

Ich bin so traurig
über mich
und was mir nicht
gelang weil anderes
geschah mit dir und mir
als jenem Klang
entsprang
der uns durchdrang
als wir einander riefen.
Ich bin so traurig
traurig
ganz in meinen Tiefen.

Hammer

Als ich drei Jahre war:
Warst du noch über
fünfzig Jahre nicht tot
und verheiratet mit
der Not und der Jammer
war, dass dir das Licht
aufgegangen war über-
einander. Der Jammer war
der Anfang deiner Erkenntnis.
Vor drei Jahren dann:
der Hammer, der Felsen zerschmeißt
und Erkenntnisse
trägt jetzt
deinen Namen.

Linien

Die Straßen in meinem
Gehirn sind die Wege
nach Nirgendwo in mir.
Die Altwege wurden begangen
bevor ich gefangen war von
Welt und Wirrsal. Auf ihnen
entstand ich. Auf ihnen
stand ich. Auf ihnen
gehe ich über den Horizont.

Dank

Ewiger Dank dem,
der mich erschaffen hat.
Ewiger Dank aber auch dem,
der den Gedanken in mir erweckte,
dass mich Einer erschaffen hat.
Ewiger Dank dem Ewigen also,
der aus der Welt heraus
mich etwas von ihm
begreifen ließ:
Gleich einem ewigen
leuchtenden Sandkorn
das ich zu fassen bekam
von jenseits der Grenze
wo nichts mehr zu fassen ist.

Das Nie

Immer da
bist du
hebst mich auf
aus der Tiefe;
hebe ich dich
auf bist du noch
immerer da
ganz innen,
näher denn nah;
gehst nie
mehr
bis zu
jenem Tag.

Bitternis

Manchmal kann Schweigen
auch bitter sein: Wenn
es ein Leben dauert;
Wir waren so selten und
waren allein; sogar
die Stille hat uns betrauert;
wir sahen durcheinander
hindurch, ins Tiefe oder
ins Leere, und haben
einander ummauert.
So gingen wir voneinander.

Kluft

Würde uns noch einmal die
Zeit gegeben, stünden wir einander
gegenüber und wären einander
lieber als zuvor; und liehen
einander Ohr um Ohr und alles
was uns bliebe; die Liebe
bliebe, die sagt, ich kenne dich,
weil du bist und verstehe dich
nicht und die Kluft zwischen uns
ist groß; aber wir kommen vom
Gleichen her und bedingen und
verschlingen einander seinetwegen.

Lösung

Als ich wegging
war ich nicht bei mir
und nicht bei dir
und löste mich auf
und erfror, kam nicht mehr
vor in mir und dir, verlor
uns und verschwand
für einen Wimpernschlag im Nichts.
Der Anfang ist,
damit ihrs wisst,
dies alles hinter sich zu lassen
und stattdessen sich zu hassen;
schwerer als schwer
ist das und sehr
groß.

Das Land

Etwas ist erloschen
mit dir, etwas in mir:
ich habe zu Grabe
getragen, was uns verband;
und zum Himmel erhoben,
was verschwand: das ganze
Land in mir geriet
in Brand.

Hand

Vor vierzig Monden
gingst du fort an
deiner Hoffnung Ort
und ließest mich in
Hoffnung hier, es bleibe
zwischen dir und mir
ein Hoffnungsband von
diesem hier zu jenem
Land, aus Geist
und Wort, von Hand
zu Hand.

SECHS

Freiheit

Um sich von allem zu befreien
zu einem hin:
der Sinn
muss ewig sein
und uns entzweien
mit unserem Beginn
und uns verzeihen
Scham und Schein
und allen Gewinn;
und dann uns selbst.

Ohne

Schreib immer alles
auf dich zu erinnern
wer du warst:
immer warst du du
immer warst du
immer du
und immer auch
ohne dich;
immer
keiner.

Die Griechen

Den Griechen ein Lied
auf den Unterschied
zwischen ihnen
und uns
sie schienen
zu ahnen was kommt
und was sie nicht sind
und vielleicht warum.
Wir ahnen nicht
was wir sind
oder ob
oder warum.
Aber warum sind denn dann
wir überhaupt
und immer noch
und nicht noch immer
oder wieder
die Griechen?

Sicherheit

Geht man zugrunde
in all der Not
mit Abstand genug nach
oben und unten
hülfe es vielleicht
seinen Namen zu wissen
und ihn sagen zu können
um sicher zu sein
vor sich selbst
ganz drüben.

Besserungen

Tausend Worte
ebensoviele
Orte
die Spiele
des Lichts
im Unbekannten
das bessere Schweigen
über alles;
die verwandten
Dinge neigen
sich dem Ende
zu und werden nichts.
Man muss erst sterben
damit sich alles
was sonst verfiele
zu dir wende.

Hohlräume

Ein Wort
oder zwei
oder drei
die Leere
zu füllen
zwischen mir
und mir
zwischen hier
und dort
aufs Sterben
warten jetzt
schon
und auf den
Sinn
all dieser Jahre

was hast du
getan.

Vierundzwanzig

Wieder ein Jahr
wie von Ungefahr
wo die Anderen
dir ein Haar
krümmen werden
als geschähe nichts
größeres auf Erden.

Gründe

Lacht: ob all der
Macht die erstand
sich ihm zu ergeben –
wie sein Leben
liebte er sie als sie
ihn fragte: was geschähe,
stürbe ich und ließe dich
zurück und würdest
du unkenntlich
aus der Nähe,
weil man sähe
woraus
dein Glück
bestünde?

Satt

Unruhe
unter der
Ruhe
Unsinn
unter dem
Sinn:
Alles bleibt
unerklärt
alles
verjährt
verewigt
sich
irgendwann
statt
meiner.

Fug und Recht

Unfug unter der Haut
trägt zum Sterben bei
gibt sehr Laut
spricht sehr frei

von dir und sich
von etwas und nichts
über mich und dich
und den Anfang allen Gewichts

das in uns uns macht
mit uns uns traut
über uns wacht
statt uns uns baut.

Wenn

Das Bild spricht
vielleicht von mir
doch eher nicht
so sammeln wir
was uns nicht
verbindet
um zu lieben
uns selbst
und Gott
und kein Ende
und was uns verbände
wenn wir wir wären.

Schwere

Worte wie Schatten
nie seid ihr da
wo ihr hingehört
und schwer zu verbinden
um zu verkünden
warum ihr wie Schatten
seid und nicht
wie Fleisch
um zu verschwinden.

SIEBEN

Die Gewesenen

Keine Idee
aber Schnee
von tausend Jahren
geschieht;
die eine gute Fee
die dich bewahren
half, erzieht
dich um zu Scharen
ihrer Vorfahren;
denn sie sieht
dich so im Offenbaren.

Brand

So kommen diese denn
und finden dich
und verstehen dich nicht
und entstehen deshalb
nicht neu, weil sie einander
nicht sehen. Und riechen
und brennen wie Heu
und entzünden dich
und brennen dich
schwelend scheu
und begründen dich
und stünden ein für dich,
wärest du ihnen treu.

Gott

Oh Gott:
wes Herz muss brennen
heut und morgen aus dem
Funken deiner Liebe? Wer bin ich,
dass ich lebend vor dir bliebe?
Wes wenn nicht deines Geistes
Kind? Muss man nicht einfach
brennen, weil dein Geist ein Feuer ist
und kein Wort ihn je beschriebe?

Gedächtnis

Könige und Scheinkönige
in Knechtsgestalt kreuzen
deinen Weg; dann kreuzigen
sie dich und vergessen
dich. All das wird vergessen;
der Schlund der Erde verschluckt
alles Entartete; niemand weiß,
wo die Hölle wirklich ist
und wem sie heimleuchtet.

Jammer

Der Dinge freuten wir uns
und des Lichts. Ein Held
schwieg über und unter uns
und gab zu erkennen was
die Welt nicht sei und
was stattdessen sei; wir
glaubten ihm nicht und
die Zeit lief davon und
ihr Schrei verklang: Ihm
zum Ruhm, uns zur Schande;
tiefer liegen wir nun als
das Nichts; tiefer als alle
Lande. Unerinnerbar selbst
den Engeln. Wahrlich
unübersteigbarer Jammer.

Kein Spiel

Was immer uns bewog:
Gedanke der uns trog,
Ding, das uns belog über
uns und allerlei in uns
mit und ohne Belang. Dann
drang die Grenze durch
und zeigte uns den Unterschied
von Sein und Schein und ließ
uns viel kleiner sein als uns gefiel.
Täglich durchzog uns Verschwundenes
und löste uns auf; und was
wir waren, verflog und unser
Rauch stieg auf über uns
und entsetzte uns,
todengelgleich, in Ewigkeit.

Stern

Könnt ich mich von mir befreien,
mich ganz entzweien mit
dem Sinn, der mich erbaute,
dem Unsinn, den ich schaute,
all dem, wovor mir graute
all meine Tage: dann führe
ich zu mir nach Hause, ganz
weit, zu einem Stern, von hier,
von dort, von fern: nah nur
mir, weil ich die Herzen sah,
worin er brannte, all unsre
Leben lang, und uns erkannte.

Versehen

Wenn das Gerede aufhört
der Welt über dieses
und jenes und sich: weil es
herbeischuf den Tod und
das Nichts: Wie wenn dir
die Pointen ausgehen
und du kannst verwehen
sehen Wörter und Werke
und Spuren und Sporen des Lichts
in ihnen, die dich beschienen
eine kleine Weile
und dir zu dienen schienen.
Welch ein Versehen.

Gott II

Geist, erklär dich mir:
Wie anders kann ich von dir
schreiben: In Ewigkeit
urgehoben aus dir selbst
wurdest du, Gott, Fleisch,
einer von uns, und kehrtest,
Geheimnis, zu dir selbst,
ins Geheimnis, zurück;
nun wissen wir und wissen
nicht, wer du bist und
stürben, sähen wir dich,
wären wir nicht Teil deiner
Unermesslichkeit: wie du
gedacht hast, Ungewordener,
über uns, im unergründlichen Anfang.

Begegnungen

Leere Worte
Quatschköpfe
Nervensägen
Sargnägel.
Ohne Beschönigungen.

Zumutungen
die betäuben
Verwesungen
vor dem Tode
Lesungen
aus den Schriften
Satans.

Würde

Was aus mir wurde:
werde ich mich darüber beklagen?
Was aus mir würde:
werde ich mich darüber befragen?
Was aus mir geworden wäre:
Oh Würde, oh Ehre:
was würdet ihr sagen?
Ich werde warten müssen,
bis aus Tagen Tabernakel werden
und aus Nichtsen
ewige Namen.

Heulen

Das Grauen der Hölle
in Worte fassen: dem Tod,
dem zweiten, ins Auge blicken,
sich, ihn zu sterben, anzuschicken;
alles verloren, auch das Wort,
alles Missfallen behalten, den
Hass zu gestalten; Gott, lass
es zuende gehen: aber Er ist
nicht da und kein Ende. Gar
nichts. Die fleischgewordenen
Verwüstungen der Seelen in böser
Übermacht, übereinander, gegen-
einander, untereinander,
unauslöschlich, untröstlich,
vergessen, ewig.

ACHT

Geschenk

Höre ich das Echo in mir
der Jahre, so sterbe ich;
das Nichtige in ihnen hat
mich erstickt, und wer
ich war, sagte mir
niemand. Am Ende erhob
ich meine Seele, während
mein Leib dahinschmolz
und mir das Leben schenkte.

angst und bange

Böse Mütter
erschüttern das Haar
und den Mut schon lange,
erschüttern ganz und gar
wie böses Blut
und weil sie Böses gut
nennen
und uns kennen.

Skelette

Scheinwelten: die Gebäude
der Leben, die alles leugnen
was sie der Sinnlosigkeit entrisse.
Das Scheinen zerfrisst die Leben.
Die Skelette des Todes bleiben,
die schwarzen Vögel der Unterwelt,
wenn es sie gäbe, ihre schweren
Gesänge, unhörbar,
unüberhörbar, unumkehrbar
vernichtend.

Schäbigkeit

Gelebt haben, vielleicht
umsonst: nichts vollbracht
haben vor Gott, nichts vor
den Menschen. Die Schäbigkeit
des Daseins stößt mir auf;
Mensch: was möglich war,
hast du versäumt, vor allem
und von allem: zu wenig,
sagt die Gerechtigkeit; wer
bin ich, sagt die Barmherzigkeit.

Flamme

Aber da sind zwei Hoffnungen:
Die eine ist keine, denn das
Nichts hat nicht die Macht,
mich zu vertilgen. Aber die
andere: In das Herz Gottes
vorstoßen, einmal seinen Geist
nicht lästern, sondern ihn
wohnen lassen bei mir; das
kann ihn entzünden und mich
verbrennen in einer einzigen
ewigen Flamme.

Ich

Alle Iche in mir
machen ein Ohne-
mich. Alle anderen
Iche verlachen
die meinen, die
anderen, keinen,
die ohne einander
einander entfachen
anderer Iche
Ich zu sein.

Engel

Ach Engel: Wieviele
Tage, sage, dass ich
es ertrage, muss die
Klage dauern meiner
Seele, über mich? Was
tu ich ohne dich; tu
du von morgen an die
Tage, alle, ohne mich,
für mich; ertrage mich,
für dich, sei ich.

Engel II

Engel: wohin führt das;
woher rührt das, was
das Feuer schürt; warum
spürt das Herz all das
und trotzdem nichts? An
meinem Rand verlaufen
Klärungen über mich und
meine Wurzel ist ein brennender
Dorn. Hast du gehört?
Daher komme ich, eins
sind wir beide, in der
Tiefe, unauslotbar.

Engel III

Engel: Dein Leben war
im Anfang; meines in
deinem, wann immer. Engel:
Was soll ich tun: warten,
aushalten, erkalten, danken?
Schlimmer als Hiersein
ist vielleicht Nichtsein.
Aber weißt du das? Ich
warte also auf deine
Antwort, die ich vielleicht
verstehe. Engel: Kannst
du dich erinnern an deinen
Anfang? Oder an meinen,
wirklichen? Sag mir, was ich
nicht weiß, von mir.

An den Haaren

MÄDEL, vor vierzig Jahren
sahen wir einander und waren
berauscht und die Zeit
erstarrte in uns und das Leid

kam später dann, es musste
die Seele das weiße Licht
und den Schmerz, der wusste,
wer wir waren, aber nicht
reden wollte, erst erfahren.

(29.06.1984)

Herrscher

Herrschaft des Geistes
und der Zeit und ihres
Geistes: Herrscher, du
weißt es: Der Zeit läutet
immer die Glocke des
Todes und ihr Ende
ist immer nah. Sie ehren
dich immer noch: aber weil
sie wieder in Höhlen wohnen,
die sie für Paläste halten
ihrer staubgeborenen Herrlichkeit.

(13.07.1024)

Nach Marathon

Sie schlugen die vom Osten
kamen, sie zu züchtigen.
Sie schlugen sie und nahmen
ihnen ihre Namen. Sie schickten
sie zurück ins Nichts
und säten Samen über ihnen
aus und warteten Jahr-
hunderte. Vom Osten kam
das Licht, das sie ver-
wunderte und brachte
zum Leuchten was Asche
war in ihnen seit
Anbeginn, seit sie
vom Osten kamen
auf der Suche nach
ihren Namen.

NEUN

Kore

Oh, Sappho, selanna,
Mond mein, ewiger,
kleiner, hörbarer,
in meiner Brust: Licht-
korn der fremden Seele,
Röte, einsame, rosenfingrige,
am Morgen.

Kore II

Dachtest du, Röte, die Leute
kennten dich? Sie vergaßen
dich hundertmal und maßen
sich an dir und verstanden
dich nicht und verschwanden.
Alles verschwindet. Aber ein
Unwiederholbares entzündet
die Seele noch heute
und macht, dass sie dich
wieder und wieder erfindet.

Kore III

Dichterin, mondverlassne,
gequälte, außer der Zeit:
Die Frühe bist du, des
Geistes, der Größe; Anbruch
des Schönen, des Tages,
des Todes; Unerwartete,
Verflossene, Beugsame,
Vorspiel.

Kore IV

Röte, höre mich
heute: Ich töte mich,
meine Worte, erneute, heute,
für dich: die Flöte, das
Lied, der Tod, ich böte
dir alles für einen
Augenblick an einem
deiner Orte, fern
von mir, alt; des Kommenden
wortlos eingedenk.

Kore V

Was in den Worten, innen,
ist, sagen uns, manchmal,
die Dichter; ihr, dort,
wusstet es nicht, vielleicht,
damals, am Anfang; aber es
geschah, Dichterin, dir, dass
du darinnen warst und ihn
sahst, den Anfang, und eins
wurdest mit ihm, in deinen
Worten, ihn zu verkünden, den
deinen, und allen, für immer.

Kore VI

Wort aus der Frühe:
Röte, Verlust bist
du und Gedanke
ans Nichts; vor der
Nächte Zeit stiegen
da Mächte auf aus
der Tiefe, Throne, leere,
sahen sie, vielsagend
schwiegen sie, lange.

Kore VII

Röte, sag mir, wozu
soll es dienen, zu schreiben
wie du oder ich oder
wer immer: wenn dir die
Welt die Luft nimmt,
das Wort und das Leben?
Röte, lass mich zurück
bei dir, die Kerne der
Worte sind heilige Ursprünge,
gerne ersticke ich
an ihnen.

Kore VIII

Röte: Der Anblick der
Welt ist grundlos; stein-
los begraben sie ein-
ander, Tote Tote. Götzen
beschworst du, Wahrheit
lag dir noch fern; Freiheit
nicht, aber in dir. Außen
begab sich dein Ruhm, innen
Ahnung verlorener Größe;
der Stern über dir ist
dein Denkmal: Feuer,
fast ewig.

Kore IX

Dichterin: Uns das alles:
Aus einer, der einzigen
Quelle; dir und mir er-
habenes Wort. Ruhm dir,
Schmach mir; ewiger Ruhm
und ewige Schmach, vielleicht,
aus einer, der einzigen Quelle:
dem Ewigen Wort.

Kore X

Ach, Röte, ganz am Ende
lohnt es nicht, über-
einander zu sprechen:
wer dir glich, verging
wie du und ich und deine
und meine Gesänge; doch
mich beschlich die Ahnung,
dass, wären wir wahr
gewesen, wahrer jedenfalls,
Anderes geworden wäre,
Wort für Wort.

Kore XI

Röte, dein Gesang ist
Rauch, verwehend, und
die Zeit darüber auch
ein Brauch, vielleicht
verstehend; aber der
Mensch ein Blatt, mit
oder ohne Wind, blind
oder sehend, sich oder
dich. Oder eben durch
und durch, damit er
sich deiner erinnere,
von Anfang an,
allmählich.

Kore XII

Mein Tagesgedicht
aus Licht: Dir ins
Gesicht geschrieben,
dicht, du Dichterin,
auf deine Augen:
die die Dinge sahen, die
zum Sterben taugen
an den letzten, nahen
Tagen; ehe wir geschahen,
um zu lieben und einander
immer zu entsagen.

ZEHN

Kore XIII

Wärest du unhörbar gewesen,
Röte, wäre vergangen die Zeit
und du mit ihr und niemanden
hätte befreit oder entzweit
eines deiner Lieder; du wärest
allen entgangen, so wie der
eine Augenblick, der unwieder-
bringliche, wärest du unerkannt
erhoben worden ins Elysion,
so wie du es nanntest, ehe
du kanntest den Tag der
Wahrheit, oh du Vorangegangene.

Kore XIV

Röte, du: Seit dir
und jenen alten Räumen,
die aber verschlossen sind,
warten wir aufeinander
und harren unserer Tode,
die wir sterben müssen,
Verse gebären zu dürfen,
Küsse von Lippen zu
lesen, Worte, Wurzeln,
wie deine.

Kore XV

Dichterin: Keines meiner
Worte erschüfe dich neu;
an keinem der Orte
deines Lebens muss ich
gewesen sein, innezuwerden
des Geheimnisses, das uns
entzündet: das innere Wort
und was es sei, das uns
bewirkt, die innere Ohn-
macht, vor allem, die
uns in allem verbindet.

Kore XVI

Kurz, Röte, Worte von
Seele zu Seele: Es ist
ein Land, unfern von
uns, wo unser
gedacht wird und wo
gemacht wird, was
wir tun; wo keine
Tage sind, sondern
Tropfen aus Licht,
die unseren Tagen
das Leben geben
und unseren Nächten
einen Rand.

Kore XVII

Nicht durftest du wissen,
Dichterin, wie ich, was du
geschrieben hast. Am Tage,
da das Gerede der Menschen
gekürzt wird um den Staub
auf Worte und Gold, ver-
bleiben einige, meine vielleicht
und deine; aus allen Zeiten
gefallene, Röte, sonst keine;
das Unschöne und Unheilige
tritt, sich selbst zu verbrennen,
in endgültiges Feuer.

Kore XVIII

Oh Röte: Neunmal werde
ich sterben müssen mit
einem Lied im Bauch,
das mich das Leben
kostet, weil es mich
in Stücke gehen lässt,
einfach so, dir gleich.
Die Schattenlosen, die, die
die Sonne umschmilzt
zu wahrer Größe, gehen
zugrunde an ihren Bekenntnissen,
an allem, was sie nicht
sind, an allen diesen
leuchtenden Tagen.

Kore XIX

Röte! Kore! First light!
Wären die Leben Fiktion,
stünden wir beide im Schatten
eines Baumes der Insel und sängen,
ja – wovon? Mit Klängen, die
uns fremd wären und blickten
einander an und verstünden
die Sprache des Anderen
nicht und wären einander
nichts und stünden allein
am Rande des Raumes, am
Anfang der Zeit und wären
entsetzt übereinander.

Kore XX

Röte: Der Horizont
ein Flammenmeer, dahinter
unser unsichtbares Ja,
die Scheitel unser beider
Leben, die vollkommen sind
und einer werden auf den
andern Erden nach den
Tagen, die wir noch ertragen
müssen hier und nun und
die uns mächtiger am Leben
hindern als der unbrauchbare
Mut, der uns entstehen ließ,
ungewiss und ungekonnt, aus Blut.

Kore XXI

Röte: Weniges genügt
den Ort zu sehen aller
Gnade; oder aller Worte,
die vergeudet wurden,
seit wir waren. Alles,
was geschwiegen wurde,
ging in unsre Werke ein,
die nun geschrieben
stehen auf den Flügeln
der Zikade, ganz allein.

Kore XXII

Röte: Die Säulen deiner
Welt sind weggespült;
weshalb der Dichter
umso stärker fühlt
wie stark sie waren
in den frühen Jahren
deiner Kraft und meiner
Furcht zu deuten eure Gesichter
als eure Seelen, Scharen
gestrandeter uralter Lichter.

Kore XXIII

Ja, und unser Erbe,
Röte, hier unten, bist
du; und Andere, die
sich und Anderes schufen;
aber wir rufen einander
zu: bis zu dem großen
Tag, da alles eins
wird und die Götzen
sterben: Lass uns der
Andere sein; denn der
Andere, Röte, böte
uns an, uns selbst
zu erkennen, und einen
neuen Namen. Der ganz
Andere hat dieses getan.

Kore XXIV

Dichterin: Ich wollte
aufhören, dir zu schreiben,
sein zu wollen wie du;
aber die Küsse der Welt
hinterlassen Geschwüre
an Leib und Seele. In
deinen aber berühre ich
Ursprünge, die heilen
und werden lassen. Wes
Herz du verzauberst,
des gehen die Augen über,
als sähen sie keine
Täuschung; aufhören muss
ich, sonst verliere ich dich.

ELF

Kore XXV

Röte: Du bist die
Fee, die nicht da
ist und mein Schatten;
und ein Bild in mir
von einer alten Welt,
die zwar gefallen war,
doch voll von
tiefem Leuchten aus
sich selbst,
in Hoffnung.

Kore XXVI

Röte: So harren
wir der harten Zeiten,
warten im Leeren
aufs Leere. Aber die
Ehre, zu sein, für die
wir streiten, hat unser
beider Buchstaben
geboren und uns die
Schwere verliehen,
einander erfunden
zu haben, als wären
wir Narren.

Kore XXVII

Mit dem Nichts
auf den Lippen, dem
Tod in uns, erkannten
wir, Dichterin, ein-
ander; der Eine und
die Andere. Wenn ich
wandere aus mir zu
dir, wird die Zeit
ein Esel, der mich
zur Insel trägt, deinem
Reich; ich werde ihm
gleich, dem Esel, und
trage dich von
Nacht zu Nacht,
von Reich zu Reich.

Kore XXVIII

Röte: Das Ende
kommt zu mir: in
die Hände falle ich
des Todes, wie ein
Tier. Klänge aus Licht,
nicht von hier, erretten
mich; ich sende
sie dir; singe
sie ein in unsre
Welt, dass sie
sich wende und uns
erbaue aus Worten
wie Berge, dass
bleibe ein Sandkorn
von uns, dereinst,
unmessbar.

Kore XXIX

Röte: Das Kleine in mir,
das ich erleide, das
nicht Meine, macht,
dass ich weine, ins
Reine komme mit dir
und unseren unendlichen
Stunden. So gesunden die,
die das Blut haben
in ihrem Innern, weiß, seit
tausend Generationen,
den Anfang der Ewigkeit,
auf Geheiß des un-
erklärlichen Gottes,
ihm zum Preis, jenseits
aller Zeit, ganz
wir beide.

Kore XXX

Röte: Von mir zu dir,
statt meiner, statt deiner:
Worte, tiefe, alleinige,
die trafen, immer schon.
Wir schlafen, werden kleiner,
meist; manchmal aber, weißt
du, erheben sich die Kräfte
des Himmels in uns, uns um-
zuschaffen in Wort und Werk.
Sie lassen uns ahnen, kurz,
wer wir waren, vor den
Jahren unseres Schweigens,
ehe wir starben,
aus Mitleid mit allen
Heimatlosen, Sprachlosen,
allen Lämmern aller Welten.

Kore XXXI

Dichterin: Am Ende
unserer Zweisamkeit spricht
der Geist zum Geist: Eines
Sinnes sind sie und haben
die gleichen meerblauen Augen,
die sie die Tiefe schauen lassen
und die Abgründe und die
Gründe: derentwegen ihnen die
Welt ein Greuel war, derent-
wegen sie aber hier waren,
beide, um es zu sagen, als
ob es einer verstünde, als
ob sie gewesen wären, als
ob das jemand noch wüsste,
so spät, so weit nach allem.

Kore XXXII

Uns beide, Röte, mag
es immer geben. Ein Wasser-
fall war unser Leben, der
gefror. Einander gingen wir
nah, besangen im Chor
das Ende des Todes, gingen
aus nichts hervor zum
Licht. Ein Licht waren
wir uns selbst und anderen
zum Scheine. Antwort
gelangte keine je
in unser Ohr.

Kore XXXIII

Röte, zwischen uns
Zeit, Steine, Blöße und
das Nichts: Anfang
waren wir einander, Ende
hebt uns wieder auf,
im Erlöschen aber
des Lichts ersteht
Größe, Stückwerk,
erschütterndes.

Kore XXXIV

Dichterin: Die
Steine, die auf
deinem Grab: Läse
ich die Schrift, stürbe
ich auch; lasse ich es,
verschwinde ich; ließe
ich dich bei dir,
verlöre ich dich
und mich. So sei es,
versgewordener Ruhm,
dessen man sich
erinnert, unentwegt,
sprachlos.

Kore XXXV

Dichterin: Schriebe ich
dir nicht, verginge die
Zeit ohne uns, dann wir.
So aber schreibe ich
dir, ohne mich, und singe
ein lautloses Lied, so dass
dein Kosmos widerhalle,
seine Tage, seine Tode, alle.

Kore XXXVI

Röte: Die Nächte
werden schon länger;
die schlechte Zeit
raubt mir den Blick
auf dich. Die Seele
sagt: Frag, frag bald;
sie kommt nicht wieder.
Alle Zeilen, alle Zeiten
verrinnen. Ich bin innen,
in ihnen, du in mir. Lass
uns also einander beginnen.

ZWÖLF

Kore XXXVII

Röte: Ich ahne, dass
auch du hörtest das
Ewige Wort, damals,
am Kartag, im Schatten-
reich, und nicht
verneintest; also jetzt
Licht bist und mitleidest
mit mir. So hilf,
auch du, dass es nicht
umsonst gewesen sei,
Leben für Leben.

Kore XXXVIII

Röte: Zweifel steigt
auf, Macht der Spaltung.
Erz zwischen uns, die
Augen innen. Nichts gebiert
uns, uns zu läutern,
der Geist meiner Zeit
löst die Zeit auf und
den Geist. Wärest du
hier, lüdest du mich
ein, und meine Asche,
in deinen Hain.

Kore XXXIX

Röte: In der Tiefe
schlummert ein Wort,
unser beider Ankunft
im Jetzt, oder doch dort,
wo Zeit vorübergeht
oder Wort. Hast du gehört:
Wir waren in *einem* Punkt
unserer Leben; an einem Ort
neben uns, wo wir
entstanden, beide,
plötzlich, die Luft
war kalt, die Nacht
und das Kommende.

Kore XL

Ach Röte: Die Jahr-
tausende sind ein
Pflaster auf der Seele,
dass sie heile. Ihre
Nöte sind Wunden, die
durch die Zeit driften,
Zeitlosigkeit zu stiften,
am Horizont, wo die
Wunde sich schließt,
und das Blut fließt,
schimmernd verklärt,
um den Äquator Gottes.

Kore XLI

Dichterin: Wärest du
hier, ein wenig, würde
genügen ein kleines Wort,
einander zu verstehen;
ein Zeichen oder nichts,
denn die Seele wird
aller ihrer Dinge inne.
Die großen Werke unsrer
innern Welt entstanden
ohne unsre Sinne, aus dem
Geist, dem, der lebendig macht,
von dem du weißt, seit
deine Nacht ein Feuer wurde,
dass dieses dich
von vorn beginne.

Kore XLII

All unsre Worte, Röte,
sind des Todes. All unsre
Werke Verwesung. Blieben
wir einander treu,
gelänge Genesung in uns
durch den treuen Gott,
dessen wir sind, der
uns einander erkennen
lässt, vielleicht, in ihm,
das Kind das Kind.

Kore XLIII

Röte: Wir beide hätten die Welt
zerrissen in uns und um uns oder
auch nur die Kissen auf denen wir
lagen nach den Gelagen, denen wir
beiwohnten, ohne zu wissen, was
wir zu sagen gehabt hätten über uns
jenen, die nicht waren wie wir.
So gingen wir beide dann fort von
dort und nahmen einander ins
Gebet und schworen einander
ewiges Erinnern an ewigen Tagen.

Kore XLIV

Röte: Dein Reich ist
die Vergangenheit, Bogen
von mir zu dir. Ein Berg
aus Traum und Zeit
in uns und der Seele
Traurigkeit, Echo in
ihr, eigenartig,
ohne Erbarmen.

Kore XLV

Röte: Helle im Auge,
deinem, erschließt mir
die Sonne, Dunkles das
in uns Unerkennbare.
Ein Überfall wirst du
gewesen sein, meiner
Verluste Erbin, meine
Besessenheit, ich.

Kore XLVI

Röte: Erschöpfung,
der Geist ringt um
sich selbst, Worte
zerfallen, ich bleibe.
Gegen Ende erfüllt und
entleert sich alles, Gutes
und Böses und Ungeschriebenes;
Heiliges, Röte, steht auf,
weißt du, Innerstes.

Kore XLVII

Wortlose mischen sich,
Röte, zwischen uns,
zerstören die lebenden
Bilder, unsere, von-
einander, dunkle. Sah
ich dich einmal, erlosch
die Erinnerung aneinander,
das Urbild in uns,
das wir trugen, in den
Seelen, ehe wir Wurzeln
schlugen, dort, in
der Welt, unentschlossen.

Kore XLVIII

Als ich ein Kind war,
Kore, klein, gab man
mir Saiten und Worte
deiner Sprache und
Steine aus deinem Land
in die Hand und meine
Seele sah sie und ließ sie
sinken, tief. Viel später sah
sie dann dich und senkte
sich zu dir hin und
verstand dich, wie man
Stille versteht und
verschwand nach Nirgendwo,
Umrisse einzugemeinden, deine.

welaga nu, waltant got, wewurt skihit.

(Hildebrandslied, v. 49)